AF166457

ANGIELSKI PRZEZ SKOJARZENIA

Magdalena Walas

Magdalena Walas
Angielski przez skojarzenia

ISBN: 978-3-7347-3625-4

© *2014 Magdalena Walas*

Wszelkie prawa (w tym częściowy przedruk, częściowe lub kompletne odtwarzanie, zapisywanie na urządzeniach do przetwarzania danych, przekład) zastrzeżone.

Herstellung und Verlag: BoD – Books on Demand, Norderstedt
Printed in Germany

afraid – bać się
EWy **RAJD**, nie ma czego się bać

....

boot – bagażnik
Bagażnik na **BUT**

....

bank – bank, brzeg
BENe**K** wyszedł z banku i stanął na brzegu

....

safe – bezpieczny, pewny, ostrożny
Bezpieczny w **SEJF**ie

....

direct – bezpośredni, bezpośrednio
Bezpośrednio **DAJ REKT**orowi

....

unemployed – bezrobotny
ANIMator puścił **PLO**tkę, że **ID**a jest bezrobotna

....

beat – bić, bicie, uderzenie
Bić **BIT**e kotlety mocnym uderzeniem

....

run – biec, biegać, bieg
Biec mimo **RAN**

....

poor – biedny
Biedny je **POR**

....

hip – biodro
Biodro tańczy **HIP** hop

desk – biurko, ławka
Biurko z **DESK**i

bust – biust
BASTek patrzy na **biust**

near – blisko
Blisko **NIR**wany

scar – blizna
Blizna zakryta **SKAR**petą

blouse – bluza, bluzka
o**BLAŁ** **Z**osi **bluzkę**

wrong – błędny, błędnie, błąd
Błędny k**RĄG**

mud – błoto
Błoto na **MAD**ach

rich – bogaty
RICZard jest **bogaty**

take – brać, wziąć
Wziąć **TEJ** **K**obiecie torby

lack – brak, niedostatek, niedobór
z **braku** **LAK**u i kit dobry

brother – brat
oBRADA u brata

brown – brązowy
BRAŁ Nogi za pas, jak widział brązowy kolor

gun – broń, pistolet, karabin
GANg z bronią

muck – brud, błoto, gnój, nawóz
MAK skropić nawozem

mucky – brudny, upaprany, ufajdany
Brudne MAKI na Monte Cassino

shore – brzeg, wybrzeże
SZORstki brzeg

stomach – brzuch, żołądek, trawić
STO MAKów w brzuchu żołądek trawi

ugly – brzydki
Brzydki w AnGLI

build – budować, zbudować
Budować BYLe jaki Dom

beet – burak
BITy burak

storm – burza
Sz**TORM** podczas **burzy**

shoe – but
But SZUra po **SZU**fladzie

bull – byk
Byk czuje **BÓL**

smart – bystry, mądry, zdolny
Zdolny SMARka**T**y

whole – cały, całość
HOL cały w drewnie

price – cena
s**PRAJ Z** obniżoną **ceną**

bread – chleb
Chleb BREDzi od rzeczy

cool – chłodny
Chłodny od **KUL**

boy – chłopiec
BOJowy **chłopiec**

sick – chory
SYK chorego z bólu

protect – chronić, ochronić, ochraniać
Chronić PROTEKTora

---

thin – chudy, cienki
Chudy FIN

---

lean – chudy, nietłusty
Chudy LIN

---

clutch – chwytać, chwycić, sprzęgło
KLACZ chwyciła za sprzęgło

---

body – ciało
Ciało wyszło, **BO DY**skretnie opadły ubrania

---

cut – ciąć, kroić, rozcinać, cięcie, krój
KAT ma pokroić więźniów

---

pull – ciągnąć, pociągnąć, wyciągnąć
Wyciągnąć **PUL**ę do wyższych rozmiarów

---

quiet – cicho, cichy, spokojny, cisza, spokój
KŁAmca **JE**s**T** cicho

---

dark – ciemny, ciemno
DARe**K** ma ciemne włosy

---

truck – ciężarówka
Ciężarówka jak **TRAK**tor

aunt – ciotka
ANTyczna ciotka

sugar – cukier
SZU!GAR szura po cukrze

candy – cukierek, słodycze
Dziecko – **KANDI**dat do cukierka

cap – czapka, nakrętka
Czapka jak **KAP**tur

red – czerwony
Czerwony **RED**aktor

part – część
Część **PART**ii

feel – czuć [się]
Czuć smutek na **FIL**mie

whose – czyj, czyja, czyje
Czyja **HUS**aria?

read – czytać
Czytać książki Ast**RID** Lindgren

far – daleko
Daleko na **FAR**mę?

8

gentle – delikatny, łagodny, miły
DŻENTe**L**men delikatny dla kobiet

···························

rain – deszcz
Deszcz **REIN**karnował się

···························

debt – dług, zadłużenie
Dług **DET**aliczny

···························

long – długi, długo
Długa **LONG**ina

···························

length – długość
Długość pobytu w **LENGF**urcie

···························

blow – dmuchać, dmuchnąć, wiać
Dmuchać na **BL**achę z **OŁ**owiu

···························

add – dodać, dodawać
Dodać coś w **ED**ytorze

···························

exact – dokładny
IGor **ZAKT**ualizował dokładne dane

···························

valley – dolina
Dom **WALI** się w dolinę

···························

cod – dorsz
Jaki jest **KOD** na dorsza?

enough – dość, dosyć
INA Walki ma dość

touch – dotyk, dotknięcie, dotykać
Dotykać **TACZ**kę

wood – drewno, las
ŁÓDka z drewna w lesie

route – droga, trasa
Droga **RUT**kowskiego do śledztwa

expensive – drogi, kosztowny
Drogi: **IKS PENSJI W**art

tree – drzewo
TRIo pod drzewem

door – drzwi
Drzwi od **DOR**ożki

big – duży, wielki
Duży talerz na **BIG**os

carpet – dywan
Nie chowaj s**KARPET** pod dywan

act – działać, ustawa
Ustawa to **AKT**, który ma działać

children – dzieci
CZYLi **DREN** dzieci odłączyły?

child – dziecko
Dziecko do **CZAJ**nika **Łó**D włożyło

share – dzielić, podzielić, część, udział
Dzielić **SZER**oką część

day – dzień
Dzień ru**DEJ**

girl – dziewczyna, dziewczynka
Dziewczynka zdobyła **GERL**ach

today – dziś, dzisiaj
Dziś **TU** ru**DEJ** nie ma

hole – dziura, dołek, otwór
Dziura w **HOL**u

strange – dziwny, obcy
STRĘCZ obcemu dziwną żonę

bell – dzwon, dzwonek
BELka w dzwon uderza

call – dzwonić
Dzwonić do **KOL**egi

dye – farbować, zafarbować, barwnik
DAJ mi zafarbować włosy

cup – filiżanka
KAPie z filiżanki

shape – forma, kształt
Forma **SZEJ**ka **P**o spożyciu

hairdresser – fryzjer
HERbert w **DRESA**ch jest fryzjerem

barber – fryzjer [męski]
BARBAra poszła do męskiego fryzjera

pot – garnek
Garnek z **POT**rawą

suit – garnitur
z garnituru wystaje **SUT**ek

goose – gęś
Gęś na **GUS**ła

soil – gleba, ziemia
SOI **L**iście na glebie

deep – głęboki
Głęboki rów **DIP**olowy

voice – głos
Dosadny **głos** w **WOJS**ku

---

head – głowa
Głowa **HET**mana

---

deaf – głuchy
Głuchy ma **DEF**ekt

---

stupid – głupi
Głupi od **STÓP** **I** **D**o głów

---

shave – golić, ogolić [się]
Golić **SZE(J)F**a

---

hot – gorąco, gorący
Gorąco w **HOT**elu

---

bitter – gorzki
Gorzki smak ma **BITA** cytryna

---

guest – gość
Gość miał **GEST** i przyniósł prezent

---

cook – gotować
KUKła **gotuje** obiad

---

boil – gotować [w wodzie], wrzeć
BOJLer **gotuje wodę**

cash – gotówka
KASZanka za gotówkę

---

mountain – góra
MĄ TINę zabieram w góry

---

game – gra
GEJ Ma grę

---

hail – grad
Grad zniszczył **HE(J)L**

---

thick – gruby, gęsty
Gruba **FIK**cja

---

bite – gryźć, ugryźć, ugryzienia
Ugryźć jednostkę **BAJT**

---

comb – grzebień
Grzebień **KOŁ**e**M** się toczy

---

mushroom – grzyb
MASZ RUM do przepicia grzyba?

---

lose – gubić, zgubić
LUZ: skrzynia zgubiła bieg

---

button – guzik, przycisk
BATON na przycisk w automacie

14

noise – hałas, odgłos, szum
NO(J)S wywołał **hałas odgłosem** opróżniania

story – historia, opowiadanie, opowieść
Historia o tym, jak zawieszać **STORY**

turkey – indyk
Indyk bez **TEKI**

another – inny
E, NOWE ubrania są **inne**

other – inny
Inny AWERs

go – iść
Iść z **GOŁ**ym

walk – iść pieszo, spacerować, spacer, chód
Iść pieszo do Groty **ŁOK**ietka

apple – jabłko
E, PLama z **jabłka** jest łatwa do usunięcia

egg – jajko
EGzotyczne **jajko**

how – jak
Jak szczeka pies? **HAU**!

bright– jaskrawy, żywy, jasny, pogodny
Pogodny **BRA(J)T** w jaskrawym pokoju

ride – jechać, jeździć, jazda
Jechać w **RAJD**zie motocyklem

one – jeden
Jeden **ŁAN** zboża

autumn – jesień
O!TEMperatura wysoka jak na jesień

still – jeszcze, nadal, wciąż
Ten **STYL** wciąż jeszcze w modzie

eat – jeść
Jeść k**IT**

lake – jezioro
LEJ Koło jeziora

tongue – język, mowa
Język tańczy **TANG**o

duck – kaczka
Kaczka faszerowana **DAK**tylami

stone – kamień
STO Ła**N**ów na kamieniu

vest – kamizelka
Kamizelka z **WEST**ernu

hat – kapelusz
Kapelusz puc**HAT**ka

cabbage – kapusta
KApusta **BICZ**em smagana

feed – karma, karmić, karmienie, żywić
Karma od **FID**ela Castro

helmet – kask
HELMu**T** w **kasku**
E

cough – kaszel, kaszleć
KOFeina na **kaszel**

piece – kawałek, część
Kawałek PISma

every – każdy
Każdy kierowca wykonuje man**EWRY**

bath – kąpiel
BAW się w **kąpieli**

sausage – kiełbasa
SOS IDZie na kiełbasę

stick – kij, patyk, drążek, pręt
Kij **STYK**a się **Z TYK**ą

few – kilka, parę, niewiele
FIU FIU kilka sztuk ale jakich!

key – klucz
Klucz do skrzyn**KI**

lie – kłamać, kłamstwo, kłaść, leżeć
Kłamstwo **LAJ**konika

put – kłaść, położyć
Kłaść **PUT**ina na łopatki

trouble – kłopot, problem
TROska **BL**ondynki przez kłopot

blanket – koc
BLANKI Ten koc

mistress – kochanka, nauczycielka, pani
Kochanka **MI STRES**u przysporzy

supper – kolacja (późna)
Kolacja **SAPER**a

dinner – kolacja (wczesna), obiad
Kolacja DYNAstii

knee – kolano
Kolano NIżej **NI**ż brzuch

colour – kolor, kolorować
Kolor KALEndarza

wheel – koło, kierownica
Za **kierownicą ŁIL**iam

hilarious – komiczny, śmieszny, zabawny
HILARy **JES**t **komiczny**

chimney – komin
CZYM NIkodem pali w **kominie**?

horse – koń
Tors **konia: HORS**

corridor – korytarz
s**KORY DO R**ozmów na **korytarzu**

ankle – kostka
Kostkę skręciłem na **ENKL**awie

bin – kosz na śmieci
BINokle wyrzuć do **kosza**

cost – koszt, kosztować
Ile **kosztuje** **KOST**ka Rubika?

---

church – kościół
CZERCZil w **kościele**

---

bone – kość
Kość **BO** **UN**ika tłuszczu

---

cat – kot
KAT zabija **kota**

---

country – kraj, wieś
Kraj: **KANT** **RY**gi

---

tie – krawat, wiązać
Wiązać **krawat** z **TAJ**wanu

---

blood – krew
BLADa **krew**

---

step – krok, stopień
Krok konia na **STEP**ie

---

king – król
KINKiet **króla**

---

short – krótki
Krótkie **SZORT**y

drop – kropla, kapać, spadać
Kropla kapie na **DROP**s

cow – krowa
KAŁ krowy

bush – krzak
Krzak za krzakiem: **BUSZ**

chair – krzesło
CZERwone **krzesło**

scream – krzyk, krzyczeć, krzyknąć
Krzyk Z KRIMinału

cross – krzyż, przechodzić, przekraczać
Przekraczać KROSno z **krzyżem**

book – książka
Książka z **BUK**u

moon – księżyc
Księżyc przywdział **MUN**dur

mug – kubek
Kubek na **MAG**ę

buy – kupować, kupić
Kupować BAJer

hen – kura
Kura zaszła **HEN** daleko

---

chicken – kurczak
CZY KEN lubi kurczaka?

---

course – kurs
Kurs na **KORS**yce

---

flower – kwiat
FLAkon **ŁA**knie kwiatu

---

doll – lalka
Lalka **DOL**ores

---

summer – lato
w lecie **SAME R**obaki

---

land – ląd, lądować
Lądować na **LĘD**źwie

---

lesson – lekcja
Temat lekcji: Ta**LES SYN** z Miletu

---

lazy – leniwy
LEJ ZIutę jak leniwa

---

tacky – lepki, kleisty
TAKI lepki, że się klei

better – lepszy, lepiej
BETA lepsza od omegi

· ·

deckchair – leżak
DEKo **CZER**eśni na leżaku

· ·

fox – lis
Lis tańczy **FOKS**trota

· ·

letter – list
List **LET**nik**A**

· ·

leaf – liść
Liść na k**LIF** spadł

· ·

spell – literować, przeliterować
Literować nazwę **SPEL**uny

· ·

lollipop – lizak
Lizak **LOLI**, co słucha **POP**u

· ·

fridge – lodówka
FRYCZ Modrzewski kupił lodówkę

· ·

occupant – lokator, użytkownik
Lokator w czasie wojny: **OK(J)UPANT**

· ·

engine – lokomotywa, silnik
Lokomotywa jedzie przez B**ĘDZIN**

fate – los, przeznaczenie
Los **FEJT**łapy

---

airport – lotnisko
Lotnisko – port na ER: **ERPORT**

---

ice – lód
Lód schłodzi h**AJS**

---

like – lubić
Lubić paluszki z **LAJK**onika

---

mirror – lustro
MIREk przegląda się w lustrze

---

mild – łagodny
Łagodny **MAJ** bez L**o**D**u**

---

catch – łapać, złapać
Łapać **KACZ**kę

---

gullible – łatwowierny, naiwny
Na **GALI BL**ondynka jest łatwowierna

---

easy – łatwy
Łatwa c**IZI**a

---

bench – ławka
BEN CZeka na ławce

meadow – łąka
MEDalik z **OŁ**owiu na łące

---

bed – łóżko
BETy na łóżku

---

bald – łysy
Łysego **BOL**i **D**łoń

---

knickers – majtki, figi
s**NIKERS** pobrudził majtki

---

tiny – malutki, drobny
TAJNI agenci z malutkim noskiem

---

monkey – małpa
Małpa bar**MANKI**

---

spouse – małżonek, małżonka
SPAŁ Ze mną małżonek

---

small – mały, niski
Mały chodzi po **SMOL**e

---

butter – masło
Masło do **BATA**

---

mother – matka, matkować
Matkę **MA WER**onika

wise – mądry
Mądra ŁAJZa

---

clever – mądry, zdolny
KLEkot mądrej **WA**żki

---

nausea – mdłości, nudności
NO ZJAdł coś i ma mdłości

---

furniture – meble
Meble **FER**al**NI**e **CZER**wone

---

tire – męczyć, zmęczyć [się], opona
TA JERychońska opona lubi się męczyć

---

fog – mgła
FOKa we mgle

---

town – miasto
TA Łu Na nad miastem

---

stir – mieszać, zamieszać
STER zamiesza wodę w morzu

---

blend – mieszać, zmieszać
Składniki zmieszać **BLEND**erem

---

measure – mierzyć, zmierzyć
Mierzyć **ME ŻER**owisko

meat – mięso
Mięso MITologicznego boga

---

love – miłość, kochać
Miłość do **LAF**iryndy

---

broom – miotła
Czarownica uruchamia **miotłę** zaklęciem **BRUM BRUM**

---

honey – miód
Miód HANI

---

bowl – miska, miseczka
Miska, BO ULa potłukła talerz

---

milk – mleko
Mleko do **MILK**i

---

young – młody
Młody JANe**K**

---

less – mniej
Las **mniej LES**isty

---

strong – mocny, silny
Mocny STRĄK

---

apricot – morela
EJ, na **PRY**czy **KOT morele** wcina

bridge – most, mostek
BRYDŻ grany na moście

possible – możliwy
PASY BLondynki możliwe do podrobienia

could – móc
Móc **KUD**ły obciąć

may – móc
Nie móc **MAJ**tek włożyć

say – mówić, powiedzieć
Mówić w **SEJ**mie

tell – mówić, powiedzieć
Mówić przez **TEL**efon

ant – mrówka
Mrówka **ANT**onina

gruff – mrukliwy, opryskliwy, szorstki
Mrukliwy pracownik sporządza **GRAF**

mass – msza, masa, tłum, gromadzić się
Tłum gromadzi się na mszy, którą odprawi **MES**jasz

wash – myć, prać
Myć **ŁOŻ**ysko

28

mouse – mysz
MAŁa my**S**zka

---

press – nacisnąć, naciskać, prasować
Naciskać pod **PRES**ją

---

arrival – nadejście, przybycie, przyjazd, przylot
ERA I W Lecie ogłosi nadejście

---

naked – nagi, goły
Nagi**EJ KIT** wciskać

---

sudden – nagły, nagle
SAD Nagle opustoszał

---

fill – napełniać, napełnić, wypełnić
Napełniać **FIL**iżankę

---

birth – narodziny
o**BERW**ie przy narodzinach

---

tool – narzędzie
TULejka od narzędzia

---

immediately – natychmiast, bezzwłocznie
I MI DIETę **LI**cz natychmiast

---

even – nawet, równy
I WENa nawet równa poety

29

blue – niebieski
Niebieska BLUza

---

sky – niebo
Niebo bły**SKAJ** się

---

bear – niedźwiedź, nieść, nosić
Niedźwiedź ma **nieść BER**ło

---

rude – niegrzeczny
RUDy jest **niegrzeczny**

---

out – nieobecny, na zewnątrz
Nieobecni na zewnątrz AUT

---

anxious – niespokojny, zaniepokojony, pełen obaw
Niespokojona ANka **KRZES**łem rzuca

Illegitimate – nieślubny, nielegalny
ILE DŻITka **I MET**ody mają **nieślubnych** dzieci?

---

shy – nieśmiały
Nieśmiały SZAJbus

---

never – nigdy
Nigdy nie byłem w **NEVA**dzie

---

leg – noga
Noga LEGła na **LEG**owisko

carry – nosić, nieść
Nosić **KER**m**I**ta w torebce

---

knife – nóż
Nóż w rękach **NAIW**nego

---

boring – nudny
Nudno **BO RIN**G zamknięty

---

about – o, około, dookoła, wokół
E, **BAŁT**yk ma około 10°C

---

foreign – obcy, zagraniczny
FORY Należą się obcemu

---

present – obecny
PREZENT jest obecny pod choinką

---

peel – obrać, obierać, skórka
Obierać ziemniaka **PIL**nikiem

---

picture – obraz, rysunek, zdjęcie
PIK CZERwony – obraz w grze

---

serve – obsłużyć, obsługiwać. podać, podawać
Podawać **SERW**etkę

---

ocean – ocean
Ocean zatopił **OŁ**owianą **SZYN**ę

husky – ochrypły, krzepki
HASKI pies ma ochrypły głos

---

breath – oddech
Oddech na **BREW**

---

rest – odpoczynek, odpoczywać
Odpoczynek w **REST**auracji

---

right – odpowiedni, prawidłowy, właściwy
Odpowiedni tor na **RAJD**

---

answer – odpowiedź, odpowiadać
niu**ANSE** w odpowiedzi

---

visit – odwiedzać, odwiedzić, odwiedziny
Odwiedzać: składać **WIZYT**ę

---

fire – ogień, pożar
Fr**AJER** rozpalił ogień i spowodował pożar

---

tail – ogon
Ogon **TEJ L**isicy

---

garden – ogród
GAR z **DEN**kiem w ogrodzie

---

eye – oko
AJ! Coś mi wpadło w oko

circle – okrąg, krąg, kółko, krążyć
SYRena **KL**ocki w okrąg układa

---

oil – olej
OJ!**L**niany olej się wylał

---

care – opieka, troska, opiekować się
Opiekować się **KER**mitem

---

charge – opłata
Opłata za **CZAR DŻ**entelmena

---

open – otworzyć, otwierać
Otworzyć **OŁ**tarz w **PEN**sjonacie

---

nut – orzech
Orzech z **NAT**ką

---

achieve – osiągać, osiągnąć
Emil po**CZ**c**IW**y ma sukcesy osiągać

---

sharp – ostry, ostro
Ostre **SZARP**anie

---

cheat – oszukać, oszukiwać, oszust
CZITnik może oszukiwać

---

obese – otyły
Otyły wszedł do **OBI Z** tuszą

badge – oznaka, odznaka, plakietka
Nie **BECZ**, bo nie dostaniesz odznaki

mark – oznaczyć, zaznaczyć, zapamiętać, znak
MARe**K** oznaczył tekst innym kolorem, by zapamiętać

wrap – pakować, zapakować, owijać, zawijać
Pakować przy **RAP**ie

finger – palec
FIN GAni palcem

burn – palić się, spalić, przypalać
BERNard chce się spalić

remember – pamiętać, zapamiętać, przypomnieć
Zapamiętać **RYMEM BER**ty nazwisko

parish – parafia
PARYŻ – parafia z wieżą Eiffla

polish – pasta, lakier, polerować, połysk
POLIŻ lakier, będzie połysk

look – patrzeć, wyglądać, spojrzenie, wygląd
Patrzeć przez **LUK**ę

nail – paznokieć
Paznokieć **NE(I)L**

claw – pazur, szpon
Pazur KLOszarda

push – pchać, popychać
Pchać PUSZkę coli

staff – personel, sztab
Leopold **STAFF** wliczony w **personel**

certain – pewny, niezawodny
Pewny SER TYNiecki

sure – pewny, pewnie, na pewno, jasne!
SZURanie **na pewno** kogoś zirytuje

sand – piasek
Po **piasku** chodzę w **SAND**ałach

drink – pić
Pić DRINKa

bakery – piekarnia
gru**BEJ KRI**stale do **piekarni** wiozę

hell – piekło
Piekło na **HEL**u

nappy – pielucha
Dziecko **NAPI**ło się i zmoczyło **pieluchę**

money – pieniądze
Pieniądze MANI

---

pepper – pieprz, pieprzyć
Pieprz pali jak **PEPE**roni

---

ring – pierścionek
Pierścionek tańczy na **RING**u

---

dog – pies
Pies mnie **DOG**oni

---

beauty – piękno, piękność
BIUrko **TI**ny podkreśla jej **piękno**

---

tipsy – pijany, wstawiony, nietrzeźwy
Pijany zrobił sobie **TIPSY**

---

ball – piłka
Piłkę podał **BOL**ek

---

write – pisać
Pisać po **RAJT**uzach

---

cellar – piwnica
SELER w **piwnicy**

---

beer – piwo
Piwo pije z**BIR**

spot – plama
Plama ze **SPOT**kania przy kawie

---

scheme – plan, program, projekt
Z KIM tworzę **plan**?

---

beach – plaża
BICZ na **plaży BICZ**uje piasek

---

back – plecy, tył, z powrotem
Plecami opieram się o **BAK** samochodu

---

pay – płacić
Płacić za **PEJ**cz

---

cry – płakać, płacz
Chce mi się **płakać**, bo opuszczam **KRAJ**

---

flat – płaski, mieszkanie
Płaski FLET w **mieszkaniu**

---

coat – płaszcz, sierść
KOŁTun z **sierści** na **płaszczu**

---

petal – płatek
PETLa z **płatka**

---

swim – płynąć, pływać
Pływać z doro**SŁYM**

after – po
Dość **AF(T)ER** w PO

---

kiss – pocałunek, całować
Pocałunek w **KIS**ielu

---

under – pod, poniżej
Knajpa pod **ANDER**senem

---

pass – podawać
Podawać **PAS**ek

---

floor – podłoga, piętro
FLORa na podłodze piętra

---

similar – podobny
a**SYMILA**cja: stać się podobnym

---

trip – podróż, wycieczka
Podróż do **TRIP**olisu

---

travel – podróżować, podróżowanie
Podróżowanie **TRAW** do **EL**bląga

---

base – podstawa, baza, dno, spód, opierać
Spód do ciasta **BE(J)Z** pieczenia to podstawa

---

yard – podwórko, podwórze, ogródek
Ile **JARD**ów ma podwórko?

divide – podzielić, dzielić, rozdzielić
Podzielić DYWAn **ID**ealnie

---

burial – pogrzeb
BERta **JEL**eniowi zrobiła pogrzeb

---

appear – pojawiać się, pojawić się
Pojawiać się Em**PIR**ycznie

---

room – pokój, miejsce
Miejsce na **RUM** w pokoju

---

noon – południe
NUNcjusz wstał w południe, by odprawić mszę

---

gulp – połykać, przełykać, łyk
Połykać w **GAL**o**P**ie

---

tomato – pomidor
TO MEJ TOli pomidor

---

above – ponad, powyżej
E, BAW się ponad siły

---

because – ponieważ
Ponieważ G zmiękczono, wyszedł **BIKOS** z bigosu

---

correct – poprawiać, poprawić, poprawny
Poprawiać **KOREKT**ę

compare – porównać, porównywać
Porównywać KOMPut**ER**y

hijack – porywać, przejmować, porwanie
HAJ DŻEK! Jesteś zatrzymany za porwanie

meal – posiłek
Posiłek MILe widziany

quest – poszukiwać, poszukiwanie
Poszukiwanie to **KWEST**ia czasu

dish – potrawa, danie, naczynie
Potrawa z pro**DIŻ**a

need – potrzeba
Potrzeba wskoczenia do **NID**y

surface – powierzchnia
Powierzchnia SERFISu

air – powietrze
ERyk wpuścił trochę powietrza

cause – powód, przyczyna
Powód siedzenia w **KOZ**ie

level – poziom
LEWE Lecz na poziomie

allow – pozwalać, pozwolić
ELA Łaskawie pozwoliła się pocałować

let – pozwalać, pozwolić, wynająć, wynajmować
Pozwolić wynajmować **LET**nikom

borrow – pożyczyć, pożyczać
BORsuk **OŁ**ówek pożycza

late – późno, późny, spóźniony
LEJ Toporem spóźnionego

wish – pragnąć, życzyć, pragnienie, życzenie
Pragnąć dostać **ŁYŻ**wy

laundry – pranie, pralnia
Pranie **LANDRY**nek

truth – prawda
Prawda za **TRUF**lę

probably – prawdopodobnie
Prawdopodobnie **PROBA BLI**ska wyniku

true – prawdziwy
Prawdziwy **TRU**p

law – prawo
Prawo **LO**kalowe

straight – prosty, prosto
Prosto na o**STREJ T**rasie

---

simple – prosty, zwykły
Proste SYMPozjum **L**ekarskie

---

lead – prowadzić, przewodzić, kierować
Prowadzić ma **LID**er

---

try – próba, próbować, spróbować
Próbować TRAJkotać

---

shower – prysznic
SZAŁ ERyka pod **prysznicem**

---

cunning – przebiegły, sprytny
Przebiegłym trikiem przeszedł **KANI**o**N**

---

store – przechować, przechowywać, magazyn
Magazyn do **przechowywania STOR**

---

before – przed
BIlet **przed FOR**są

---

entrepreneur – przedsiębiorca
ON TREP ENErgetyk jest **przedsiębiorcą**

---

miss – przegapić, nie zdążyć, tęsknić, chybić
Przegapić wybory **MISS**

lose – przegrać, przegrywać
Przegrywać na **LUZ**ie

move – przeprowadzać się, przeprowadzka
MÓW, gdzie się **przeprowadzasz**

space – przestrzeń, miejsce, kosmos
Przestrzeń Z PEJZażem

past – przeszłość
Przeszłość w **PAST**elowych barwach

sheet – prześcieradło
Prześcieradło SZITe na miarę

obey – przestrzegać, słuchać, podlegać
OBEJrzyj ustawę i **przestrzegaj** jej!

topple – przewracać się, przewrócić, runąć
Przewracać się jak **TOPOL**a na wietrze

ancestor – przodek
A(N)SYSTA dla **przodka**

arrive – przybyć, przybywać, przyjeżdżać
Przybywa nowa era: **ERA IW**ony

come – przyjść, przychodzić, przybywać
Przyjść z **KAM**ilą

cover – przykryć, przykrywać, okładka, pokrywka
Przykryć **KAWE** **R**ęką

bring – przynieść, przynosić
Bokserski **RING** może przynieść nieszczęście

nod – przytakiwać, przytaknąć
Przytakiwać **NOT**ariuszowi

bee – pszczoła
BIj pszczołę

bird – ptak
Ptak **BERT**y

box – pudełko, boksować
BOKS w pudełku

can – puszka
KEN wypił puszkę coli

ask – pytać
Pytać o k**ASK**

bill – rachunek
Rachunek za **BIL**ard

joy – radość
Radość z **DŻOJ**stika

glee – radość, wesołość
Radość GLIniarza z mandatu

---

race – rasa, wyścig
Żółta **rasa** wypłynęła w **REJS** na **wyścig**

---

cruise – rejs
Rejs Robinsona **KRUZ**o

---

book – rezerwować
Rezerwować BUK na trumnę

---

arm – ręka, ramię
ARMata urwała **rękę**

---

hand – ręka
Ręka CHĘTna do zgłoszenia

---

make – robić
Robić MEJKap

---

anniversary – rocznica
ANI WERSalkę **ERY**k kupił na **rocznicę**

---

breed – rodzić, hodować, wychowywać
BRIDżystka chce **rodzić** dzieci i dobrze je **wychować**

---

year – rok
JERzy ma **rok**

plant – roślina, sadzić
Sadzić roślinę na **PLANT**ach

bike – rower, jechać na rowerze
Jadąc na **rowerze** czytam **BAJK**ę

crash – rozbić
Rozbić o**KRASZ**one jajko

stretch – rozciągać, rozciągnąć [się]
Rozciągać STRECZ

spread – rozchodzić, rozprzestrzeniać [się], zasięg
Rozprzestrzeniać się Z PREDkością światła

truce – rozejm, zawieszenie broni
Rozejm przy **TRUS**kawkach

talk – rozmowa, rozmawiać, mówić
Rozmowy w **TOK**u

pamper – rozpieszczać, rozpieścić
Rozpieszczać dziecko **PAMPER**sami

begin – rozpocząć, zacząć, zaczynać
BILA **GIN**ie – tak **rozpocząć** bilard

understand – rozumieć, zrozumieć
ANDERS(T)EN Dobrze **rozumie** swoje bajki

consider – rozważać, rozważyć, rozpatrzyć
KON Sz**YDER**czy uśmiech rozważa

---

solve – rozwiązać [zagadkę, równanie]
Rozwiązać **SOL**o **W**ęzeł

---

corner – róg, kąt
Na rogu stoi **KORN**eli**A**

---

vary – różnić się, urozmaicać, zmieniać
Różnić się od **WARI**ata

---

fish – ryba
FISZka z rybą

---

draw – rysować, kreślić
Rysować **DRO**gę **DRO**psem

---

rice – ryż
Ryż: **RAJS**ki pokarm

---

thing – rzecz
FIN Kradnie rzecz

---

actually – rzeczywiście, faktycznie
AK CZy**LI** rzeczywiście Armia Krajowa

---

river – rzeka
Rzeka wpada do **RIW**i**ER**y

toss – rzucić, rzucać, rzut
Rzucić **TOS**tem

---

alone – sam, samotny
ELO, **UN**ikaj samotnych nocy

---

car – samochód
Samochód nie płaci **KAR**

---

court – sąd, kort, dwór
KOOT stanął przed sądem

---

neighbor – sąsiad
Sąsiad zna**NEJ BOR**ówki

---

neat – schludny, czysty, staranny
Schludny **NIT**

---

cheese – ser
CZIp**S** o smaku sera

---

heart – serce
HARTowane serce

---

napkin – serwetka
Serwetka **NA** Pa**PKIN**a ręce

---

sit – siadać, siedzieć
SYTy ma siedzieć

hay – siano
HEJ! Idziesz na siano?

---

net – sieć, siatka
Sieć komputerowa: Inter**NET**

---

reach – sięgać, docierać, dosięgać, osiągać
RICZard nie może sięgnąć do sufitu

---

force – siła, zmuszać, zmusić
FORSa ma siłę by zmusić

---

bruise – siniak
Siniak **BRUZ**dzi

---

sister – siostra
Ba**SISTA** ma siostrę

---

rock – skała, głaz
Na skale spędziłem **ROK**

---

treasure – skarb
TRE SZARy skarb

---

sock – skarpetka
Wlej **SOK** do skarpetki

---

shop – sklep
W sklepie pracuje **SZOP** pracz

skin – skóra
SKIN chodzi bez skóry

....

turn – skręcać, skręcić
Skręcać e**TERN**it

....

chest – skrzynia, klatka piersiowa
Klatka piersiowa **CZEST**o boli od dźwigania skrzyni

....

weak – słaby
Słaby **ŁIK**end – nie zaszalałem

....

sweet – słodki
SŁodka **Id**iotka

....

sun – słońce
Słońce zaszło w **SAN**oku

....

listen – słuchać
LIS Nie chce słuchać

....

hear – słyszeć
Słyszeć wybuch na **HIR**oszimie

....

taste – smak, gust, smakować, próbować
TE(J)ST smaku

....

sad – smutny
Smutny **SAD** z szarymi renetami

salt – sól
Sól wykonuje **SALT**o

---

sleep – spać
Spać w **SLIP**kach

---

fall – spadać, spaść, upadek
Spadać na **FOL**ię

---

saucer – spodek
Spodek zalany **SOSE**m

---

calm – spokój, spokojny, uspokajać
Zachować **KAM**ienny **spokój**

---

meet – spotkać, spotykać [się]
Spotkać się, by opowiedzieć **MIT**

---

skirt – spódnica
Spódnica **Z KERT**onu

---

check – sprawdzać, sprawdzić
Sprawdzać **CZEK**

---

clean – sprzątać, czyścić, czysty
Sprzątać **KLIN**ikę

---

tiff – sprzeczka
Śniadanie u **TIFF**aniego zakończyło się **sprzeczką**

sell – sprzedawać, sprzedać
Sprzedawać SELery

---

silver – srebro, srebrny
SYLWEste**R** spędzony w **srebrnej** sukni

---

afford – stać na coś, pozwolić sobie
E, FORD nie jest drogi. Na niego mogę **sobie pozwolić**

---

bra – stanik, biustonosz
BRAk **stanika**

---

old – stary
Stary wit**OLD**

---

ship – statek
SZYBki **statek**

---

hundred – sto, setka
Setka na c**HANDRE D**obra

---

stall – stoisko, stragan
Stoisko ze **STOL**ikiem

---

foot – stopa
Stopa w **FUT**rze

---

table – stół, stolik
Stół TEJ BLanki

fear – strach, lęk
Strach w **FIR**mie

---

page – strona
PEJCZ rzucony na **stronę**

---

attic – strych, poddasze
A TIK zegara dochodzi ze **strychu**

---

study – studiować, uczyć się
Studiować w pierwszym **STADI**um

---

ceiling – sufit
Sufit z **SILI**ko**N**u

---

dress – sukienka
Sukienka przerobiona na **DRES**

---

son – syn
Syn z **SAN** Francisco

---

chess – szachy
CZESław gra w **szachy**

---

hut – szałas
Szałas jak **CHAT**a

---

drab – szary, bezbarwny, płowy
Szara DRABina

candid – szczery
Szczery **KANDID**at na rozmowie kwalifikacyjnej

---

frank – szczery
Szczery **FRAN**e**K**

---

brush – szczotka
o**BRAŻ**ona szczotka

---

slim – szczupły, odchudzać się
Szczupły **SLIM**ak przestał się odchudzać

---

top – szczyt
Szczyt **TOP**oli

---

wide – szeroki, szeroko
Szeroki **ŁAJD**ak

---

glass – szkło
Twarde szkło do klas: **GLAS**

---

school – szkoła
SKUL się w szkole

---

track – szlak, trasa, tor
TRAKtor na szlaku

---

string – sznurek
Sznurek od **STRING**ów

pin – szpilka
Szpilka jak **PIN**ezka

art – sztuka
Sztuka ARTystyczna

drawer – szuflada
Szuflada na **DRO**biazgi

search – szukać
Szukać samotnych **SERC(Z)**

quick – szybki, szybko
Szybki odgłos świni: **KWIK**

fast – szybki, szybko, trwały, mocno
Szybko FASTrygować

neck – szyja
Szyja wypiła **NEK**tar

ham – szynka
CHAM je **szynkę**

path – ścieżka
Na **ścieżce** usłyszał **PAF**!

plum – śliwka
PLAMa od **śliwki**

laugh – śmiech, śmiać się
Śmiać się z **LAW**iny

litter – śmieci, śmiecić, zaśmiecać
Śmieci z wycinania **LITER**

cream – śmietana, śmietanka
Śmietanka z **KRIM**inału

death – śmierć
DEFinicja **śmierci**

sing – śpiewać
Śpiewać w **SING**apurze

middle – środek, środkowy
Środkowy palec **MYDL**ić

light – światło, jasny, lekki, oświetlać
LAJTowe **jasne światło lekko oświetliło** pokój

candle – świeca, świeczka
KEN DLa barbi zapalił **świeczkę**

pig – świnia, świnka
Świnka PIGi

pill – tabletka, piguła
Tabletka PILnie potrzebna

board – tablica, deska
BORDowa tablica

***

same – taki sam, ten sam
Taki sam **SEJM** od lat

***

cheap – tani
Tania karta z **CZIP**em

***

dad – tata
DEDykacja dla taty

***

ago – temu, np. 2 lata temu
E,GOŁy nosił ubrania lata temu

***

now – teraz
Teraz poz**NAŁ NAŁ**kowską

***

area – teren, obszar, rejon
Na tym terenie **ARI**i **JA** nie będę śpiewać

***

crowd – tłum
Tłum **KRADŁ** się wzajemnie

21

***

fat – tłusty, tłuszcz, gruby
Tłusty ser **FET**a

roll – toczyć, rolka, zwój, bułka
Toczyć ROLkę

---

bag – torba, torebka
Ta jedna **torebka** to cały **BAG**aż

---

tram – tramwaj
W **tramwaju** mam **TREM**ę

---

grass – trawa
Po **trawie GRAS**uje kosiarka

---

hoot – trąbić, zatrąbić
Trąbić na **HUT**nika

---

little – trochę, mało, mały
LITr to **trochę mało**
L

---

rub – trzeć, wcierać, pocierać
Pocierać sygnet **RAB**ina

---

keep – trzymać, zatrzymać, przechowywać
Trzymać KIPłący garnek

---

face – twarz
Twarz na **FEJS**buku

dress – ubrać, ubierać [się], ubiór, sukienka
Ubierać DRES

....

ear – ucho
Ucho IRka

....

handle – uchwyt, klamka, obsługiwać
HANDLowiec chwycił za **klamkę**

....

pretend – udać, udawać, stwarzać pozory
PRETENDent musiał **udawać** swoje kompetencje

....

hit – uderzać, uderzenie
Uderzyć HITlera w policzek

....

marry – udzielać ślubu
Udzielać ślubu ma **MARI**ka

....

bow – ukłonić się, kłaniać się, ukłon
BAŁ się **ukłonić**

....

leaflet – ulotka
Ulotka: LIst z **FLET**em

....

die – umierać, umrzeć
DAJ umrzeć w spokoju

....

deal – umowa, transakcja, interes
Umowa DILera

elude – umykać, umknąć, unikać, uchylać się
I LÓD zaczął umykać i uchylać się od jedzenia

....

mind – umysł, rozum
Umysł **MA IND**yk

....

heat – upał
Upał: **HIT** na lato

....

polite – uprzejmy, grzeczny
Uprzejme ogłoszenie **P(E)LAJT**

....

clerk – urzędnik, sprzedawca
KLAAKson trąbi na urzędnika

....

mouth – usta
MAŁe **F**ikuśne usta

....

damage – uszkodzić, niszczyć, szkoda, uszkodzenie
Uszkodzić **DAMY CZ**epek

....

hold – utrzymać, utrzymywać się, wstrzymać
Utrzymywać się w **HOLD**ingu

....

use – używać
Używać tego **JUZ** się nie da

....

fight – walka, bitwa, bijatyka, walczyć
Walka z **FAJT**łapą

lip – warga
Warga całuje **LIP**ę

---

value – wartość, cenić
WAL JUbilata, by **wartość** przyjęcia zaczął **cenić**

---

vase – wazon
WEJZe ten **wazon**

---

important – ważny, znaczący
IMPORT ENTy raz jest **ważny**

---

narrow – wąski
NAROs**Ł**o chwastów na **wąskiej** grządce

---

mustache – wąsy
MASz **TEŻ** **wąsy**?

---

doubt – wątpliwość, wątpić
Pod**DAŁ T**o w **wątpliwość**

---

early – wczesny, wcześnie
P**ERLI** czas, jak **wcześnie**!

---

knot – węzeł, pętla
Węzeł z **NAT**ki

---

bucket – wiadro
BAK ETanolu przelać do **wiadra**

bind – wiązać, związać
Wiązać **BA**lony **IND**ianinowi

fork – widelec
Widelec dla **FOK**

view – widok, pogląd
Widok księżyca w no**WIU**

age – wiek
EJ!**DŻ**okeju w jakim jesteś wieku?

century – wiek, stulecie
SEN o **CZER**eśn**I** zapowiada złoty wiek

camel – wielbłąd
KAMELeon jedzie na wielbłądzie

lot – wiele, mnóstwo, dużo
LOT trwał wiele godzin

believe – wierzyć, uwierzyć
BYLI We własnej osobie, by uwierzyć

village – wieś, wioska
WYLICZ mieszkańców wsi

more – więcej
Więcej **MOR**tadeli proszę

wolf – wilk
Wilk połknął **WOLF**ram

lift – winda
LIFTing w **windzie**

cherry – wiśnia, czereśnia
Wiśnia się **CZER**wien**I**

soon – wkrótce, niedługo
Wkrótce **SUN**ia wyjdzie na spacer

just – właśnie
Właśnie **DŻAST**in wszedł

hair – włosy
Włosy **HER**osa

water – woda
z**ŁOTA** **woda**

araund – wokół, dookoła
ERka **wokół** **AND**rzeja krąży

call – wołać
Wołać **KOL**egę na pomoc

trolley – wózek
Wózek do przewożenia **TROLI**

hostile – wrogi, nieprzyjazny
HOSTi**A IL**e ma wrogich ludów?

....

fairy – wróżka, czarodziejka
Wróżka przedłużyła **FERI**e

....

shame – wstyd
S(Z)EJM przynosi wstyd

....

all – wszystko
OLa ma wszystko

....

among – wśród
EMANuel **EMAN**uje oryginalnością wśród imion

....

uncle – wujek
Wujek **ANK**i **L**.

....

choose – wybrać, wybierać
Wybierać **CZU**jnie **Z**akupy

....

invent – wymyślić, wynaleźć
Wymyślić **INWENT**aryzację

....

rent – wynająć, wynajmować, czynsz
Wynająć za **RENT**ę

....

score – wynik
Wynik trzeba **SKOR**ygować

effort – wysiłek, próba
Wysiłek przynosi **EFEk T**

send – wysyłać, wysłać
Wysyłać SENTymentalny list

tall – wysoki
Wysoka TOLerancja

high – wysoki
Być na **wysokim HAJ**u

height – wysokość, wzrost
CHAJTać się na **wysokości**

hill – wzgórze, wzniesienie
po**CHYL** się przed świętym **wzgórzem**

rise – wzrost, wzrastać, wznosić się
RAJ Zakupowy – **wzrost** zysku

ahead – z przodu, do przodu
E!HETman idzie **z przodu!**

fun – zabawa
FAN na **zabawie**

toy – zabawka
Zabawka w **TOJ TOJ**u

kill – zabić, zabijać
Zabić górnika **KIL**ofem

---

clench – zaciskać, zacisnąć, ściskać, ścisnąć
KLĘCZ na grochu i zaciskaj zęby z bólu

---

glad – zadowolony
Zadowolony z o**GLED**zin

---

delve – zagłębiać się, dociekać, kopać, ryć
DELFin zagłębił się w archiwum, by dociec kto był jego
przodkiem

---

busy – zajęty, pracowity
Jestem zajęty, rozkręcam **BIZ**nes**I**k

---

bet – zakład, zakładać się
Zakład o **BET**oniarkę

---

bend – zakręt
BĘDąc na zakręcie

---

recommend – zalecać, zalecić, polecać, polecić
Zalecić **RE**ntę **KOMEND**antowi

---

crew – załoga
KRUk w załodze samolotu

castle – zamek
Na **zamku KASY L**iczenie

---

close – zamknąć, zamykać
Zamknąć KLOZet

---

lock – zamknąć na klucz
LOKal **zamknąć na klucz**

---

order – zamówić, kazać, rozkaz, porządek
Kazać zamówić ORDER

---

contamination – zanieczyszczenie, zabrudzenie
KEN TAM INn**EJ SZYN**ce **zanieczyszczeń** dodał

---

on – zapalony, włączony
ON jest **zapalonym** kibicem

---

zest – zapał, werwa
Zapał w **ZEST**awie

---

match – zapałka, mecz
Zapałka wygrała **MECZ**

---

stock – zapas, bulion
Zapas bulionu na **STOK**u

---

rule – zasada, reguła, przepis, rządzić
Zasada grania **RÓL**

dole – zasiłek
Żyć z **zasiłku**: **DO(Ł)L**a bezrobotnego

---

include – zawierać, obejmować
INKów **LUD** **obejmował** teren dzisiejszego Peru

---

ashamed – zawstydzony
Zawstydzony powi**ESZE IM D**orodne klejnoty

---

tooth – ząb
TUWim bez **zęba**

---

collect – zbierać, zebrać
Zbierać kupony z **KOLEKT**ury

---

corn – zboże, kukurydza
Zboże niszczy **KORN**ik

---

pass – zdawać, zdać
Zdawać na czerwony **PAS**

---

able – zdolny, być w stanie coś zrobić
EJ!**BL**ondynka nie jest **zdolna**

---

amaze – zdumieć, zaskoczyć
E,MEJ Zosi nie można **zaskoczyć**

---

clock – zegar
Zegar to wielki klocek: **KLOK**

watch – zegarek, oglądać
Oglądać t**ŁOCZ**ony zegarek

---

band – zespół, pasmo, pasek, opaska
Zespół **BĘD**zie grał na weselu

---

kit – zestaw, komplet
KIT w zestawie

---

teeth – zęby
Śniadanie u **TIF**faniego zepsuło mi zęby

---

guess – zgadywać, zgadnąć
Zgadywać przez **GES**ty

---

agree – zgadzać się, zgodzić się
Pola N**EGRI** musi zgodzić się na tę rolę

---

bean – ziarno, fasola
Ziarna fasoli grają w **BIN**go

---

herb – ziele, zioło
Ziele na **HERB**atę

---

earth – ziemia
Na ziemi pojawił się sm**ERF**

---

cold – zimno, zimny
Jest zimno. Przykryj się **KOLD**rą

commission – zlecać, zlecić, zamawiać, zamówić
Zlecić **KOMI**niarzowi **SZYN**y zamówić

....

fracture – złamanie
FRAK CZERwony na otwarte złamanie

....

thief – złodziej
Złodziej **FIF**a

....

bad – zły, brzydki
Zły **BAD**yl

....

angry – zły, rozgniewany, gniewny
ANtek **GRY** nie wygrał i jest zły

....

tired – zmęczony
TA JEDynka jest zmęczona jedzeniem

....

change – zmienić, zmieniać, zmiana, reszta
CZĘsto **DŻ**insy zmieniasz?

....

stamp – znaczek
STEMPel na znaczku

....

mean – znaczyć, oznaczać
Co ta **MIN**a ma znaczyć?

....

find – znaleźć, znajdować, odkryć, odkrycie
Znaleźć **FAJN**e o**D**krycie

discount – zniżka, obniżka, udzielać zniżki
DYSKONT udziela zniżki

---

again – znowu, ponownie, jeszcze raz
E,GEN ten znowu zginie

---

stay – zostać, zostawać, pobyt
Z TEJ potrawy nic nie zostało

---

nag – zrzędzić, dręczyć, nie dawać spokoju
Zrzędzić **NAG**o

---

animal – zwierzę
ANI MALutkie zwierzę

---

custom – zwyczaj, obyczaj
Ten zwyczaj podoba się **KASTOM**

---

habit – zwyczaj, nawyk, nałóg, przyzwyczajenie
Zakonnik ma zwyczaj nosić **HABIT**

---

bulb – żarówka
BALBina wkręca żarówkę

---

live – żyć
Żyć jak **LIW**ia